AF361007

MEMOIRE SIGNIFIE,

POUR les Religieux Minimes de la Place Royale, ayant pris le fait & cause de leur Fermier de Froimenteau, Intimés, Deffendeurs & Demandeurs.

CONTRE *Messire Charles-François de Ventimille des Comtes de Marseille Comte du Luc, Seigneur de Savigny, Chevalier des Ordres du Roy, & Conseiller d'Etat ordinaire d'Epée, Demandeur & Défendeur.*

Et encore Contre Mathieu Auboin, Fermier de la Ferme de Champagne, Apellant d'une Sentence rendue aux Requêtes du Palais le 11 Mars 1727.

L'INTERVENTION de M. le Comte du Luc en qualité de Seigneur de Savigny, a changé totalement la contestation pendante en la Cour entre deux Fermiers.

Avant l'intervention de M. le Comte du Luc, il ne s'agissoit que d'executer la Sentence de 1691. qui avoit reglé le droit de vaine pâture entre les deux Fermiers. La possession de plus de 30 ans depuis que cette Sentence étoit rendue, suffisoit pour comprendre ce que la Sentence avoit ordonné, & de quelle maniere l'on devoit continuer de l'executer.

L'intervention de M. le Comte duLuc exige un nouveau jugement; il s'agit de l'execution des Reglemens qui est respectivement demandée par les parties, naturellement les Parties devroient estre d'accord demandant l'execution des mêmes Reglemens; cependant leurs prétentions sont differentes.

M. le Comte du Luc prétend que le droit de vaine pâture doit se regler par l'étendue des Seigneuries.

Les Religieux Minimes soutiennent au contraire que ce droit se regle par Paroisses & non par Seigneuries.

L'on auroit souhaité pouvoir suprimer de ce Memoire la contestation qui étoit entre les deux Fermiers avant l'intervention de M. le Comte du Luc; mais cela est impossible, parce que la Cour a rendu en 1729. un Arrest interlocutoire dont l'execution a coûté une somme considerable; c'est pour éviter la condamnation des dépens que le Fermier de Champagne a mandié l'intervention de M. le Comte du Luc, qui change entierement l'objet de la contestation qu'il s'agissoit de

A

décider, mais qui laiffe toujours à décider à la Cour, lequel des deux Fermiers doit fuporter les dépens.

Ainfi après une expofition fimple du fait & de la procedure, les Religieux Minimes qui ont pris le fait & caufe de leur Fermier, établiront deux propofitions.

Dans la premiere, ils prouveront que la Sentence des Requeftes du Palais dont Aubouin eft apellant eft reguliere, qu'elle merite d'être confirmée avec amende & dépens.

Dans la feconde, les Religieux Minimes démontreront que le droit de vaine pâture fe regle par Paroiffes & non par Seigneuries. Ils expliqueront les preuves qui indiquent l'étendue de la Paroiffe de Juvify.

FAIT.

Dans la pleine qui précede la montagne de Juvify, eft un vafte territoire qui contient plus de 1200 arpens de terres labourables.

Il n'y a dans ce lieu que deux Fermes éloignées l'une de l'autre d'un quart de lieue; l'une, qui eft au milieu de la pleine fe nomme Champagne; elle apartient à M. le Comte du Luc Seigneur de Savigny; l'autre eft preft de la montagne de Juvify, elle s'apelle Froimenteau, elle apartient aux Religieux Minimes.

La Ferme de Froimenteau eft de près de 400 arpens; il y a 300 arpens de terres labourables, le furplus eft en bois & en prés.

La Ferme de Champagne peut eftre compofée de 360 arpens.

Le domicile du Fermier de Champagne eft de la Paroiffe de Savigny, celui du Fermier de Froimenteau eft de la Paroiffe de Juvify.

Il eft certain que fi le Fermier de Champagne n'avoit point envie de nuire au Fermier de Froimenteau, ce vafte territoire étoit plus que fuffifant pour fournir aux deux Fermiers un ample pâturage fans s'incommoder l'un l'autre.

Avant 1691. c'étoit le dixmage des deux Paroiffes qui regloit entre les deux Fermiers le droit de pâturage.

Le Fermier de Champagne prétendit que le pâturage du Fermier de Froimenteau avoit trop d'étendue, qu'il anticipoit fur la Seigneurie de Savigny, & qu'il comprenoit un grand nombre de pieces de terres qui dépendoient de fa Ferme; il fit affigner le Fermier de Froimenteau pour fixer les limites du pâturage: il y eut Sentence en la Prevôté de Juvify, qui ordonna que les Parties conviendroient d'Experts, & fur l'avis des Experts nommés, il intervint Sentence dont voici le difpofitif.

» Fait défenfes au Fermier de Froimenteau d'envoyer paître fes bef-
» tiaux fur le terroir de Savigny: pourra néanmoins le Fermier de Froi-
» menteau mener pâturer fes troupeaux & beftiaux proche la Ferme de
» Champagne fur 12 arpens de terres qui étoient enfemencés en bled en
» 1691. au Chantier du   prenant le long des 12 arpens, tra-
» verfant les 9 arpens, allant à droite ligne jufqu'au bout, & aux terres
» des particuliers qui font teftiere des 28 arpens dépendans de la Ferme
» de Champagne allant le long de la teftiere jufqu'aux deux arpens

» qui apartiennent au sieur Baudouin d'Athis qui sont attenant
» les 15 arpens dépendans de la Ferme de Froimenteau jusqu'à la voye
» & chemin qui tend de Juvisy à Louans (c'est ce que l'on apelle au-
» jourd'hui Morangis, & non plus avant du côté des 100 arpens sur
» lesquels non plus que sur les 25 arpens en une piece, ni sur la piece
» de 5 arpens qui sont enclavés dans les pieces des terres de la Fer-
» me de Champagne, le Fermier de Froimenteau ne pourra envoyer
» pâturer ses bestiaux ni sur la piece attenant les 12 arpens ci-devant dé-
» clarés, sur laquelle piece de terre le Fermier de Froimenteau ne pour-
» ra pareillement envoyer paître ses bestiaux, lesquelles pieces de ter-
» re il abandonnera au Fermier de Champagne pour faire paître ses
» bestiaux: Fait pareilles défenses au Fermier de Champagne d'en-
» voyer paître ses bestiaux sur les terres & heritages ci-dessus déclarés
» reservés au Fermier de Froimenteau pour le pâturage des ses bes-
» tiaux ni sur la piece de 8 arpens qui est vers Juvisy proche le Chan-
» tier des Cailles; fait pareillement défenses au Fermier de Froimen-
» teau d'envoyer paître ses bestiaux sur la piece de terre apellée de la
» Mariniere, & la laissera pour paître les bestiaux du Fermier de Cham-
» pagne, le tout sans préjudice aux droits des Seigneurs de Juvisy &
» & de Savigny.

Lorsque cette Sentence a été rendue, l'on ne connoissoit point les
bornes & limites des deux Seigneuries, en sorte que les arbitres er-
roient & dans le droit & dans le fait.

Dans le Droit, en ce qu'ils s'étoient faussement imaginé que les
limites des Seigneuries devoient regler le pâturage.

Dans le fait, en ce qu'ils avoient cru que le chemin qui borde
la piece de 12 arpens faisoit la séparation des deux Seigneuries; c'est
par cette raison qu'ils indiquent la piece de 12 arpens comme celle
qui commençoit de ce côté la Seigneurie de Savigny.

Cette erreur a duré long-tems; car lorsque M. le Premier President
Portail étoit Seigneur Haut-Justicier de Juvisy, il usoit du droit de
chasse jusqu'à ce chemin; c'est ce qui avoit occasionné une contestation entre ce grand Magistrat & le sieur Marquis de Vins, qui a été
assoupie par une transaction de 1707.

Ces limites des deux Seigneuries étoient encore ignorées en 1729.
elles n'ont été fixées que par une Sentence arbitrale de l'année derniere.

Les arbitres en 1691. avoient partagé ce grand & vaste territoire
entre les deux Fermiers, mais très-inégalement; le canton parfaitement designé par la Sentence de 1691. pour le pâturage du Fermier
de Froimenteau est très-resserré, au lieu que ce qui reste au Fermier
de Champagne a deux fois plus d'étenduë.

Malgré l'inégalté de ce partage, la Sentence de 1691. s'est exécutée
très-ponctuellement jusques en 1715. le Fermier de Froimenteau auroit
pû s'en plaindre, mais pour ne point avoir de procès il a mieux aimé se
contenter du canton qui lui étoit assigné. Quant aux Seigneurs, ils
n'avoient aucun interêt de s'oposer à l'exécution de cette Sentence,
puisque la reserve écrite dans la Sentence conservoit leurs droits, &

quant aux Propriétaires de la Ferme de Froimenteau, ils ignoroient le Reglement fait entre les deux Fermiers.

Mal à propos l'on a voulu faire entendre que l'exécution de la Sentence de 1691. étoit une entreprise de la part des Religieux Minimes, ils n'étoient point Propriétaires de la Ferme de Froimenteau, lorsqu'elle a été rendue, leur acquisition d'une portion de cette Ferme n'est que de 1702. & ils ne sont devenus Propriétaires de la totalité qu'en 1712. plus de 20 ans après la Sentence de 1691. d'où il s'ensuit que ce ne sont point les Religieux Minimes qui ont fait rendre la Sentence de 1691. ni qui ont commencé son exécution.

En 1715. il plût au Fermier de Champagne d'entreprendre de priver le Fermier de Froimenteau du droit de pâturage pour s'attribuer à lui seul le pâturage sur tout le Territoire dont il retiroit une forte retribution pour un troupeau de plus de 700 bêtes.

Le prétexte pour parvenir au but que ce Fermier s'étoit proposé fut de pretendre que la Sentence de 1691. n'avoit permis le pâturage au Fermier de Froimenteau que sur quatre piéces de terres séparées & éloignées les unes des autres ; il fit assigner le Fermier pour voir dire que deffenses lui seroient faites d'envoyer pâturer ses bestiaux sur les héritages désignés par la Sentence de 1691. qu'en suivant les sentiers & les chemins ; que deffenses lui seroient faites de les envoyer sur les piéces de terres, sur lesquelles il ne pouvoit arriver qu'en passant sur les héritages qui apartiendroient à d'autres particuliers, à peine de 500 liv. d'amende, de confiscation du troupeau & de 2000 liv. de dommages & interêts.

Les Religieux Minimes qui prévoyoient les conséquences de la demande du Fermier de Champagne qui tendoit réellement à priver la Ferme de Froimenteau de tout droit de pâturage, ont pris le fait & cause de leur Fermier, & ont fait renvoyer la demande aux Requêtes du Palais, & par Sentence contradictoire du 28 May 1716. sans avoir égard à la demande du Fermier de Champagne, dans laquelle il a été déclaré non-recevable, les Religieux Minimes & leur Fermier ont été maintenus dans le droit & possession du pâturage, conformément à la Sentence du dernier Decembre 1691.

Cette Sentence paroissoit avoir proscrit pour jamais la prétention du Fermier de Champagne, il en a souffert l'execution pendant près de dix années, ensorte que la possession du Fermier de Froimenteau a continué d'être la même qu'elle avoit été depuis 1691. La demande que le Fermier de Champagne avoit formé en 1715. n'a servie qu'à confirmer la possession du Fermier de Froimenteau fondée sur l'execution de la Sentence de 1691.

Le 11 Mars 1726. Aubouin a presenté une Requête à Messieurs des Requêtes du Palais, par laquelle il expose que la Fermiere de Froimenteau n'execute point les Sentences de 1691. & de 1716. qu'elle ne se contente point d'envoyer ses bestiaux sur les pieces de Terres reservées, mais qu'elle les envoye sur plus de 120 ou 130 arpens, dont les uns sont de la Ferme de Champagne, & les autres appartiennent à des particuliers qui sont des Paroisses d'Athis & de Mons,

au

au lieu qu'elle devroit suivre les voyes & chemins pour aller sur les pieces reservées, ce qui depuis dix ans que la Fermiere de Froimen. teau use de la même maniere du droit de pâturage, lui cause un pré-judice considérable.

Après cet exposé qui ne permet pas de douter de la possession du Fermier de Froimenteau, Aubouin conclut à ce qu'il soit ordonné que les Sentences de 1691. & de 1716. seront executées selon leur for-me & teneur, en conséquence que la Fermiere de Froimenteau ne pourra envoyer paître ses bestiaux sur d'autres terres dépendantes de la Ferme de Champagne & Seigneuries de Savigny, que celles énon-cées dans les Sentences; & que pour cela elle seroit tenue de faire passer ses bestiaux par les voyes & chemins qui bordent les pieces reservées, & ausquelles elles aboutissent : en conséquence qu'il lui se-roit fait deffenses de les faire passer pour y aller sur aucunes autres terres de la Ferme de Champagne & de la Seigneurie de Savigny, apartenantes à d'aures particuliers : qu'au cas qu'elle s'avise de le faire, il lui seroit permis de faire saisir le Troupeau, de le mettre en fourriere, & pour l'avoir fait, qu'elle seroit condamnée en des dom-mages & interêts.

Aubouin qui formoit cette demande, a bien prévû que l'on ne manqueroit point de lui oposer la Sentence contradictoire de 1716. parce que c'est précisément la même demande : c'est par cette raison que par la même Requeste il déclare, que si l'on excipe contre lui de la Sentence du 28 May 1716. qu'il en est apellant, que c'est une voye de droit dont il a intérêt de s'assûrer l'usage pendant que le tems est en-core utile.

Pour deffenses, la Fermiere de Froimenteau a soutenu le Fermier de Champagne non-recevable dans sa demande, parce qu'elle a ar-ticulé que dans l'usage du droit de pâturage elle s'étoit conformé aux Sentences de 1691. & de 1716. Les Religieux Minimes ne sont point intervenus aux Requestes du Palais, parce que du moment que les Sentences de 1691. & de 1716. n'étoient point attaquées, la conte-station ne pouvoit les intéresser; le Fermier de Champagne ne pouvoit avoir lieu de se plaindre, qu'autant que la Fermiere de Froimenteau auroit contrevenu aux Sentences de 1691. & de 1716. & dans ce cas c'eut été son fait personnel dont elle auroit été tenue.

Quelques efforts que le Fermier de Champagne ait fait devant les premiers Juges, il n'a pû parvenir à prouver que la Fermiere de Froi-menteau avoit contrevenu aux Sentences de 1691. & de 1716. dans l'u-sage du droit de pâturage ; c'est pourquoi il a laissé obtenir par dé-faut la Sentence du 11 Mars 1727. qui ordonne l'execution des Sen-tences de 1691. & 1716. En conséquence déclare Aubouin non-re-cevable dans sa demande, & le condamne aux dépens. Le Fermier de Champagne pouvoit se contenter d'une simple oposition, mais persuadé que la Sentence contradictoire de 1716. étoit un obstacle qu'il ne pouvoit vaincre, il s'est avisé d'interjetter apel de la Sentence par défaut du 11 Mars 1727. il y avoit lieu de croire que ce Fermier in-terjetteroit également apel de la Sentence contradictoire du 28 May

1716. ou du moins qu'il releveroit l'apel qu'il avoit déclaré interjetter par sa Requeste du 11 Mars 1726. C'est néanmoins ce qu'il
n'a point fait, il s'est avisé d'un autre expédient; il a suposé que la
Sentence contradictoire de 1716. ne prononçoit rien autre chose
que l'execution de la Sentence de 1691. & il a prétendu que la Sentence de 1691. n'accordoit au Fermier de Froimenteau le pâturage
que sur quatre pieces de Terres, que c'étoit une grace que la Sentence lui faisoit, dont le Fermier de Froimenteau abusoit en s'attri-
buant le pâturage sur un canton de près de 300 arpens.

Par Arrest rendu au raport de M. Brayer en 1729. avant de faire
droit, il a été ordonné que par Experts dont les Parties conviendroient devant M. le Raporteur, sinon par lui pris & nommez d'Offi-
ce, il seroit dressé un plan figuré des Terres, tant de la Ferme de
Champagne, que de celles de Froimenteau, & de celles situées dans
la Seigneurie de Savigny, lors duquel la Fermiere de Froimenteau de-
clareroit par article séparé toutes les pieces de Tetre qu'elle prétendoit avoir été reservées pour son pâturage par la Sentence de 1691.
dont il seroit fait mention sur le plan, sauf le soutien du Fermier de
Champagne au contraire ; dans lequel Procès-verbal les Experts seroient tenus de déclarer autant qu'il seroit possible la situation & po-
sition desdits heritages designez par la Sentence de 1691. à l'effet de
quoi ils pourroient se faire assister par trois anciens Habitans du pays,
comme aussi les Experts déclareroient s'il étoit possible, de conduire
les bestiaux sur les pieces de Terres reservées par les voyes & chemins, sans passer sur les Terres des particuliers qui en sont proprietaires.

Cet Arrêt s'est executé à la diligence de la Fermiere de Froimenteau.
avec le secours du plan l'on entend parfaitement les expressions de la
Sentence de 1691. l'on aperçoit le canton assigné pour le pâturage de la
Ferme de Froimenteau qui est très-resserré, eu égard à la Ferme,
& qui n'est pas comparable à celui dont jouit le Fermier de Champagne.

Ce qui seconde le moyen resultant de l'inspection du plan, c'est
que la possession qui a suivi depuis 1691. jusques à present, est con-
forme à la vérité qui se découvre par l'inspection du plan.

L'Instance prête à être raportée, M. Soulet à qui le procès avoit
été redistribué, parfaitement instruit, les vacations consignées, le jour
pris, le Fermier de Champagne a fait paroître l'intervention de M. le
Comte du Luc Seigneur de Savigny, que défunt le sieur Marquis de
Vins informé des mauvaises manœuvres de son Fermier avoit cons-
tamment refusée.

Il est vrai que la Fermiere de Froimenteau s'est oposée autant
qu'il lui a été possible à ce que l'intervention de M. le Comte du Luc
fût reçûe, parce que non seulement elle retardoit le Jugement de l'Instance, mais elle changeoit totalement la contestation.

Avant l'intervention de M. le Comte du Luc, il ne s'agissoit que de
l'execution de la Sentence de 1691. que le Fermier de Champagne
affectoit malicieusement de traverser. Après l'intervention, il ne s'a-

giſſoit plus de la Sentence de 1691. elle n'eſt point rendue avec le Seigneur de Savigny, elle contient à ſon égard des reſerves, & l'Arreſt qui ſeroit intervenu entre les deux Fermiers, n'auroit pû nuire ni préjudicier au ſieur Comte du Luc.

Ces raiſons quoique très puiſſantes, n'ont point empêché que l'intervention n'ait été reçûe; c'eſt ce qui a déterminé la Fermiere de Froimenteau à ne plus reſter Partie dans une Inſtance qui changeoit entierement, où l'on ne parloit que de fixer les bornes des Seigneuries de Juviſy & de Savigny; c'eſt pourquoi bien conſeillée, elle a obtenu une Commiſſion pour faire aſſigner le Seminaire d'Orleans Seigneur de Juviſy, pour regler entre eux, ſi bon leur ſemble, les limites des deux Seigneuries, & les Proprietaires de la Ferme de Froimenteau pour la faire joüir du droit de pâturage.

Le Seminaire d'Orleans & M. le Comte du Luc ont nommé des Arbitres pour borner les deux Terres.

Les Religieux Minimes qui ne pouvoient plus douter que la prétention de M. le Comte du Luc tend à priver entierement la Ferme de Froimenteau du droit de pâturage, ſont intervenus, & ont pris le fait & cauſe de la Veuve de leur Fermier.

M. le Comte du Luc a exigé que les Religieux Minimes ne pourſuivroient point avant le bornage achevé des deux Terres: ils ont bien voulu accorder ſur cela toute ſatisfaction au ſieur Comte du Luc, bien entendu, ſous la condition que la Fermiere de Froimenteau continuetoit de joüir du droit de pâturage comme elle en avoit joui depuis 1691. Les Religieux Minimes ont gardé très-exactement ce qu'ils avoient promis, quoique l'étenduë de la Seigneurie de Savigny fût très indifférente pour la deciſion de la conteſtation.

M. le Comte du Luc demande l'execution des Reglemens ſur le fait des pâturages, en conſéquence que deffenſes ſeront faites au Fermier de Froimenteau de conduire ſon Troupeau dans la Seigneurie de Savigny.

Les Religieux Minimes demandent l'execution des mêmes Reglemens, en conſéquence qu'il ſera permis au Fermier de Froimenteau de conduire ſon Troupeau dans toute l'étendue de la Paroiſſe & dixmage de Juviſy, que deffenſes ſeront faites au Fermier de Champagne de conduire ſon Troupeau dans la Paroiſſe & dixmage de Juviſy.

Le Fait & Procedure expliqués, l'on paſſe à l'établiſſement des deux propoſitions.

Preuve de la premiere Propoſition.

La Sentence des Requeſtes du Palais dont Aubouin eſt apellant eſt reguliere & merite d'être confirmée.

L'on convient avec Aubouin que la Sentence dont eſt apel eſt rendue par deffaut; mais l'on ſoutient qu'elle n'en eſt pas moins reguliere.

Cette Sentence ordonne l'exécution des Sentences de 1691. & dé

1716. le Fermier de Champagne ne peut fe plaindre de cette premiere difpofition , puifque les deux parties demandent refpectivement l'exécution de ces deux Sentences.

Par la feconde difpofition de la Sentence Auboin eft déclaré nonrecevable dans la demande par lui formée en 1726. C'eft une fuite naturelle , & une conféquence neceffaire de la premiere difpofition.

La Sentence contradictoire de 1716. n'ordonne pas fimplement l'exécution de la Sentence de 1691. comme Auboin le fupofe , elle contient encore deux autres difpofitions, elle déboute Auboin de fa demande , & maintient les Religieux Minimes , & leur Fermier dans la poffeffion où ils étoient du paturage : Quelle étoit la demande dont Auboin eft débouté par la Sentence de 1716 ? quelle étoit la poffeffion dans laquelle les Religieux Minimes & leur Fermier ont été maintenus?

La demande dont Auboin eft débouté eft vifée dans la Sentence de 1716. elle eft précifément la même que celle qu'il a formé en 1726. il prétendoit, comme aujourd'hui, que la Sentence de 1691. n'accordoit au Fermier de Froimenteau le pâturage que fur quatre piéces de terres; il demandoit que ce Fermier fût tenu de fuivre les routes & chemins, pour arriver fur ces piéces de terres dénommées dans la Sentence de 1691.

Auboin a tellement reconnu cette vérité que par la Requête qu'il a prefenté en 1726. introductive de l'Inftance , il déclaroit que fi l'on excipoit de la Sentence de 1716. il en étoit Apellant ; au lieu de relever cet apel, par des Requêtes précifes il a demandé en la Cour l'exécution des Sentences de 1691. & de 1716. où pouvoit être le doute de le déclarer non-recevable dans la demande de 1726 puifqu'il avoit été débouté d'une femblable demande par la Sentence contradictoire de 1716. dont il demandoit l'exécution.

La Sentence de 1716. maintient les Religieux Minimes , & leur Fermier en la poffeffion du droit de pâturage : Quelle étoit cette poffeffion ? C'étoit de jouir du droit de pâturage fur le canton affigné par la Sentence de 1691. la poffeffion du Fermier de Froimenteau a toujours été la même depuis 1691. elle étoit la même en 1726. qu'elle étoit en 1716. Auboin n'a pas ofé articuler le fait contraire , & même il en eft formellement convenu. Voici de quelle maniere il s'exprime, p. 7. de fon Memoire imprimé; » il ne s'agit donc point de la poffeffion, ou » plûtôt de l'ufurpation, & de l'entreprife de la partie adverfe; il n'eft » point douteux qu'elle envoye journellement fes troupeaux fur plus » de 200 arpens de la Seigneurie de Savigny; » par ces expreffions la poffeffion du Fermier de Froimenteau eft précifément avouée.

C'eft donc avec raifon que la Sentence de 1727. dont eft apel a déclaré Auboin non-recevable dans la demande par lui formée en 1726. c'eft une conféquence néceffaire des Sentences de 1691. & de 1716. dont l'exécution eft refpectivement demandée.

Quand une Sentence n'eft point attaquée par les voyes de droit, qu'elle s'exécute depuis plus de vingt ans, que les Parties en demandent encore refpectivement l'exécution, il eft inutile d'en démontrer

le

le bien jugé , cependant s'il étoit néceſſaire , il ſeroic facile de proù-
ver le bien jugé de la Sentence de 1716. tout concoure pour juſtifier
que la Sentence de 1691. avoit aſſigné un canton pour le pâturage du
Fermier de Froimenteau ; la nature du droit dont il s'agit, les expreſſions de la Sentence apliquées ſur le plan figuré, l'étendue du territoire , la ſituation des deux Fermiers avant la Sentence de 1691. la
demande formée par le Fermier de Champagne, l'avantage qu'il a
remporté par la Sentence de 1691.

Le droit de vaine pâture ne s'exerce point ſur des piéces détachées ;
on ne conduit point un troupeau par des chemins & des ſentiers , ce
droit n'a lieu qu'après la récolte, ou ſur des terres non enſemencées ;
l'on conduit le troupeau à travers champ; dans toute la France , l'on
ne trouveroit pas l'exemple d'un pâturage vain exercé par piéces détachées & ſéparées les unes des autres , par tout ce droit s'exerce par
Paroiſſe, ou de clocher à clocher, où l'on aſſigne à chaque Fermier
un canton de ſuite.

Si l'on aplique enſuite les expreſſions de la Sentence de 1691. ſur
le plan l'on ſera pleinement perſuadé que conformément à la nature
du droit dont il s'agit , c'eſt un canton non-interrompu que la Sentence de 1691. avoit aſſigné au Fermier de Froimenteau pour ſon pâturage.

La Sentence après avoir indiqué la piéce de douze arpens comme l'entrée de la Seigneurie de Savigny s'énonce en ces termes, prenant le long des douze arpens, traverſant les neuf arpens allant à
droite ligne juſqu'au bout , & aux terres des particuliers qui font têtiere des vingt huit arpens dépendans de la Ferme de Champagne,
allant le long de la têtiere juſqu'aux deux arpens de terre qui apartiennent au ſieur Baudouin d'Athis qui ſont attenant les quinze arpens dépendans de la Ferme de Froimenteau , juſqu'à la voye & chemin qui tend de Juviſy à Louans , & non plus avant du côté des cent
arpens.

Ces expreſſions ne peuvent ſignifier des piéces détachées , ſur leſ-
quelles l'on doive conduire le troupeau par des routes & ſentiers , car
elles conduiſent le troupeau à travers champ , en droite ligne , dit la
Sentence , traverſant les neuf arpens , juſqu'aux deux arpens du ſieur
Baudouin d'Athis.

Ces expreſſions ſeroient déja ſuffiſantes pour apercevoir que les Experts en 1691. n'ont point aſſigné ſimplement quatre piéces de terres
ſéparées & éloignées les unes des autres , ce qui ſeroit contraire à la
nature du droit dont il s'agit ; mais l'on découvre dans la même Sentence les bornes & limites du canton dont la deſcription eſt faite par
la Sentence de 1691.

Si l'on ſe donne la peine d'appliquer les expreſſions de la Sentence
ſur le plan figuré , l'on aperçoit que du côté de l'Occident les deux
arpens qui apartiennent au ſieur Baudouin d'Athis , de l'autre la piéce de cent arpens dépendante de la Ferme de Champagne, du côté du
Nord le chemin de Juviſy à Lovans aujourd'hui Morangis , & de l'autre
la piéce de terre apellée la Mariniere font les limites du canton auquel

par la Sentence, on réduisoit le Fermier de Froimenteau.

Deux autres dispositions de la même Sentence confirment encore la même vérité.

L'une concerne la défense faite au Fermier de Champagne de conduire ses bestiaux sur une piéce de huit arpens proche Juvisy, & de la laisser pour le pâturage du Fermier de Froimenteau ; cependant cette piéce de terre est de la Ferme de Champagne, & elle est située dans la Seigneurie de Savigny : Quelle est donc la raison de la défense faite au Fermier de Champagne ? on l'apperçoit par la seule inspection du plan ; C'est que cette piéce de terre se trouve enclavée dans le canton du Fermier de Froimenteau dont l'on vient de raporter les limites.

L'autre disposition contient des défenses expresses au Fermier de Froimenteau de conduire son troupeau sur les terres apellées de la Mariniere, parce que de ce côté, c'est la limite indiquée du canton que le Fermier de Froimenteau ne peut outre passer.

S'il étoit vrai que la Sentence de 1691. n'eut accordé au Fermier de Froimenteau le droit de vaine pâture que sur quatre piéces de terres seulement, ces défenses d'aller sur les terres de la Mariniere seroient extravagantes, parce qu'entre la Ferme de Froimenteau, & ce que l'on apelie la Mariniere, il y a plus 150. arpens ; il eut été inutile de borner les défenses à une piéce si éloignée, s'il n'avoit pas été permis d'aller sur les piéces qui se trouvent entre la ferme & la piéce défendue.

La situation des deux Fermiers avant la Sentence de 1691. & l'étendue du territoire achevent de prouver la proposition.

Avant la Sentence de 1691. le Fermier de Froimenteau jouissoit du droit de vaine pâture, non-seulement sur tout le canton dont les limites sont marquées par la Sentence, mais encore sur la piéce de cent arpens, sur celle de vingt-cinq, jusqu'à la Justice de Morangis ; ce qui régloit le pâturage de ce Fermier, c'étoit le dixmage de Juvisy.

Le Fermier de Champagne s'est plaint de l'étendue de ce pâturage, il est parvenu à le faire réduire ; il est vrai que la réduction étoit injuste, parceque le pâturage se regle par Paroisses & non par Seigneuries ; mais en adoptant pour un moment l'erreur des Experts en 1691. il ne s'agit plus pour confondre la prétention d'Auboin, que d'examiner ce que l'on a retranché par la Sentence de 1691.

L'on découvre les retranchemens faits par cette Sentence par les défenses portées par la Sentence ; ces défenses concernent la piéce de cent arpens, celle de vingt-cinq, celle de cinq, celle qui tient aux douze arpens, & celle apellée de la Mariniere ; ces défenses détaillées, & specifiées ne peuvent s'étendre au-delà de ce qui est exprimé, le surplus qui n'a point été défendu est resté permis, aussi le Fermier de Froimenteau est resté en possession de ce surplus non défendu ; & c'est ce qui forme le canton parfaitement indiqué par les limites exprimées dans la Sentence.

Les défenses écrites dans la Sentence de 1691. prouvent que le Fermier de Froimenteau jouissoit du droit de pâturage sur ces piéces de terres, autrement les défenses eussent été inutiles, Auboin convient de cette vérité, page 10. de son Memoire; « le Fermier de Froimen- « teau entreprenoit d'envoyer son Troupeau sur la piece de la Mari- « niere. La Sentence de 1691. lui fait deffenses de continuer son en- « treprise. « Telles sont ses expressions, qui contiennent un aveu bien « précis de la possession du Fermier de Froimenteau antérieure à la Sentence de 1691. Il ne s'agissoit donc plus pour executer cette Sen- tence, que de ne point enfreindre les deffenses portées par la Sen- tence. C'est ce que le Fermier de Froimenteau a observé très-pon- ctuellement en cessant la possession sur les pieces deffendues & con- tinuant sa possession sur celles qui ne l'étoient point.

Mais la Sentence de 1691. commence par des deffenses generales de conduire son Troupeau dans la Seigneurie de Savigny: il faut faire attention qu'en 1691. les limites des deux Seigneuries de Juvisy & de Savigny n'étoient point connues; cela est si vrai qu'en 1707. elles étoient encore ignorées: c'est ce qui a donné lieu au differend qui s'est élevé entre deffunt M. le Premier Président Portail & sieur le Marquis de Vins au sujet de la chasse; les bornes & limites des deux Seigneuries étoient encore ignorées lors de l'execution de l'Arrest in- terlocutoire de 1729. les anciens du pays interrogez par les Experts ont déclaré qu'ils ne connoissoient point les limites des deux Seigneu- ries; c'est seulement l'année derniere que l'on est parvenu à poser des bornes en execution d'une Sentence arbitrale.

Il ne faut donc pas juger du Reglement fait en 1691. entre les Fermiers de Froimenteau & de Champagne par la connoissance d'un fait acquise en 1737, c'est-à-dire 46 ans après que la Sentence étoit rendue.

Les Experts en 1691. ignoroient les limites des deux Seigneuries entierement inconnuës en 1691. ils ont crû que la premiere piéce de terre de la Seigneurie de Savigny étoit la piéce de 12 arpens, c'est celle qu'ils indiquent la premiere comme l'entrée de la Seigneurie de Savigny, M. le premier Président Portail, Seigneur Haut-Justi- cier de Juvisy avoit pensé de la même maniere en 1707. & les Di- recteurs du Seminaire d'Orleans Seigneurs directs de Juvisy le pen- soient encore en 1736.

Pour remedier à cette ignorance les Experts ont pris deux précau- tions dans la Sentence de 1691.

L'une, c'est de reserver les droits des Seigneurs, la Sentence porte sans préjudice aux droits des Seigneurs de Juvisy & de Savigny.

L'autre a été d'expliquer par la même Sentence ce qu'ils enten- doient par la deffense générale d'envoyer paître ses bestiaux sur le Terroir de Savigny, ensorte que les dispositions qui suivent expliquent, restraignent & limitent la disposition générale que l'on n'auroit pas pû comprendre autrement en 1691.

L'on ne doit point entendre la Sentence de 1691. autrement qu'elle a été entendue par ceux qui l'ont renduë, & par ceux qui l'ont exé- cuté depuis; or ceux qui ont rendu la Sentence de 1691. ont clairement expliqué leur intention par toutes les difpofitions particulieres, qui toutes réünies demontrent le canton qui étoit affigné pour le pâturage du Fermier de Froimenteau, ceux qui ont exécuté la Sentence de 1691. ont entendu la Sentence de 1691. de la même maniere, ils ont eftimé que la loi étoit très clairement dictée entre les deux Fermiers, en execution de la Sentence de 1691. celui de Froimenteau a joüi du droit de pâturage fur la totalité du canton, parfaitement défigné & limité par la Sentence.

L'étendue du Territoire concoure encore à la preuve de la propofition, le Territoire qui fert de pâturage aux deux Fermiers contient plus de 1200 arpens, le canton affigné par la Sentence de 1691. pour le pâturage du Fermier de Froimenteau contient environ 250 arpens, l'on ne croit pas qu'il monte à 300 arpens, il refte pour le Fermier de Champagne plus de 900 arpens, c'eft ce que l'on peut facilement connoître par la réünion des deux plans produits, fçavoir celui dreffé en exécution de l'Arrêt de 1729. & celui que M. le Comte du Luc a produit; n'eft-il pas abfurde de prétendre que le pâturage d'une Ferme de près de 400 arpens doit être réduit à 44 arpens en quatre piéces détachées & éloignées les unes des autres, & que pour joüir d'un pareil droit il faut conduire un troupeau par des routes & fentiers.

La conteftation telle qu'elle étoit entre les deux Fermiers auroit été decidée en faveur du Fermier de Froimenteau, les moyens expliqués ne permettent point d'en douter, la Sentence par deffaut dont l'apel étoit porté en la Cour par Aubouin étoit fondée fur la Sentence contradictoire de 1716. dont Aubouin demandoit l'exécution, la Sentence de 1716. l'avoit debouté d'une femblable demande que celle qu'il a formé en 1726. & la nature du droit dont il s'agit, les difpofitions particulieres de la Sentence de 1691. la fituation des deux Fermiers avant 1691. l'entreprife du Fermier de Champagne pour faire reftraindre le pâturage du Fermier de Froimenteau, l'avantage que le Fermier de Champagne avoit remporté par la Sentence de 1691. l'étendue du Territoire, la poffeffion qui avoit fuivi la Sentence de 1691. tout fe réüniffoit en faveur du Fermier de Froimenteau, par conféquent nulle difficulté à condamner le Fermier de Champagne aux dépens que fa mauvaife conteftation a occafionné, l'exécution de l'Arrêt interlocutoire a coûté 1500 liv.

C'eft pour éviter s'il étoit poffible, cette condamnation de dépens que le Fermier de Champagne a mandié l'intervention de M. le Comte du Luc qui change totalement la conteftation qui étoit pendante en la Cour, fans néanmoins difpenfer les Juges d'examiner l'état de la conteftation avant l'intervention à caufe des dépens, c'eft ce qui a rendu la preuve de la premiere propofition néceffaire, l'on paffe à l'établiffement de la feconde.

PREUVES DE LA SECONDE PROPOSITION.
Le droit de vaine pâture fe regle par Paroiffes & non par Seigneuries.

Par le nouveau bornage que Monfieur le Comte du Luc a fait
faire

faire, fa Seigneurie de Savigny s'étend d'un côté jufques aux murs du Parc de Juvify, & de l'autre jufques aux murs de la Ferme de Froimenteau, il y a une borne Seigneurialle plantée dans la maifon voifine.

Une partie des terres de la Ferme de Froimenteau eft tenue en Fief de la Seigneurie de Savigny à côté de la Ferme de Froimenteau, il y avoit un bâtiment qui étoit le principal manoir du Fief, enforte qu'à raifon du domicile du Fermier qui fe trouve dans la Seigneurie de Juvify, & qui feroit de celle de Savigny, s'il étoit avancé ou reculé de deux ou trois toifes, M. le Comte du Luc prétend priver des vaffaux & des cenfitaires du droit de pâturage dans fa Seigneurie.

Cette prétention de la part de M. le Comte du Luc intereffe fenfiblement les Religieux Minimes; car il n'eft pas fimplement queftion de réduire le pâturage de la Ferme de Froimenteau déja trop réduit par la Sentence de 1691. mais il s'agit de le fuprimer entierement; car fuivant le nouveau bornage la Seigneurie de Savigny comprend toute la pleine jufques aux murs du Parc de Juvify, il ne refte fur le côteau que des vignes qui ne peuvent fournir le pâturage d'un troupeau, enforte qu'une conteftation de cette nature intereffe fenfiblement les Propriétaires d'une Ferme que l'on veut entierement priver du Pâturage.

M. le Comte du Luc demande l'exécution des Reglemens, en conféquence qu'il foit fait deffenfes aux Religieux Minimes & à leur Fermier de conduire le troupeau de la Ferme de Froimenteau dans la Seigneurie de Savigny.

Les Religieux Minimes demandent l'exécution des mêmes Réglemens, en conféquence que deffenfes feront faites au Fermier de Champagne de conduire fon troupeau dans l'étendue de la Paroiffe & dixmage de Juvify.

Il réfulte de ces deux demandes, que la conteftation depuis l'intervention de M. le Comte du Luc confifte à fçavoir fi le droit de vaine pâture fe regle par Paroiffes ou par Seigneuries; cette queftion une fois décidée reftera l'examen des preuves de l'étendue des deux Paroiffes de Juvify & de Savigny.

Les Religieux Minimes foutiennent que la queftion de droit ne peut former un doute raifonnable, que le pâturage fe regle par Paroiffes & non par Seigneuries.

La fimple lecture des Arrêts de Reglement fuffiroit pour affurer le principe, parce que les Arrêts ont réglé le pâturage par Paroiffes.

Les Coûtumes qui ont des difpofitions au fujet de pâturage le permettent de clocher à clocher. Il eft vrai que la Coûtume de Bourgogne dans l'art. 5. du titre 13. indique les Seigneuries pour régler le droit de vaine pâture, mais ce n'eft que dans le cas que la Seigneurie ne s'étend point au de là de la Paroiffe, c'eft pourquoy le même article joint le terme de Seigneurie avec celui de Parocheage, ce qui prouve que la Seigneurie ne peut fervir de limites au pâturage qu'autant qu'elle ne s'étend point au-de-là de la Paroiffe.

D

Inutilement M. le Comte du Luc obferve que les Seigneuries font plus anciennes que les Paroiffes, cela peut être; mais pour le certain l'établiffement des Paroiffes eft plus ancien que les Reglemens fur le fait des pâturages, & ces Reglemens dont l'on admire la fageffe ont préféré les limites des Paroiffes aux bornes des Seigneuries, parce que les limites des Paroiffes font ordinairement certaines & immuables; les bornes des Seigneuries peuvent s'accroître par la perfcription ou par des réunions de Fiefs: auffi l'ufage conftant du Royaume eft d'affeoir les impofitions par Paroiffes. Par un retour également jufte & raifonnable, les avantages d'un Territoire fe partagent par Paroiffes; il eft infiniment jufte que ceux qui en fuportent les charges en partagent les profits & les émolumens.

C'eft une erreur de croire que le droit de vaine pâture depende de la libéralité des Seigneurs, & qu'il diminue leurs droits: c'eft encore une plus grande erreur de s'imaginer que l'exercice de ce droit baniffe un Seigneur de fa Terre. M. le Bret, que l'on s'eft avifé de citer, n'a jamais rien dit qui puiffe autorifer ces paradoxes.

En effet, M. le Bret dans l'endroit cité, Liv. 2. Decif. 6. fait mention d'une conteftation qui s'étoit élevée au fujet d'un droit de vaine pâture, dont l'on vouloit étendre l'exercice à la faveur de la Haute-Juftice, decide que la Jurifdiction n'a rien de commun, *cum jure compafcendi*; ce qui confirme le principe que le droit de vaine pâture fe regle par Paroiffes, & non par les Seigneuries ni par les Juftices.

Nous diftinguons parmi nous deux fortes de pâturages, les uns apellés vivans, & les autres nommés vains: les pâturages vivans qui confiftent à faire pâturer le fruit par les Beftiaux, comme la glandée, & les vains pâturages qui ne s'exercent qu'après la recolte & fur des Terres non enfemencées, les premiers dependent des Seigneurs & Proprietaires des Bois, ils peuvent en gratifier qui bon leur femble, & fouvent on leur paye une redevance pour en joüir: il n'en eft pas de même du droit de vaine pâture, il apartient au Public: c'eft ainfi que s'en explique Me Guy Coquille fur la Coutume de Nivernois, Chap. 3 Art. 3. Tel eft pareillement le fentiment du fieur de Lamarre dans fon excellent Traité de la Police, Tom. 2. Liv. 5. Tit 17.

L'on fe flatte d'avoir démontré que le droit de vaine pâture ne dépend point des Seigneurs, qu'il ne provient point de leur libéralité, & que ce droit fe regle par Paroiffes, & non par Seigneuries ni Jurifdictions. Il ne s'agit plus que de raporter les preuves de l'étendue de la Paroiffe de Juvify.

Les Religieux Minimes ont obfervé que dans le canton dont il s'agit, il y avoit deux Maifons conftruites, l'une qui fert d'Hôtellerie, l'autre qui loge un Maréchal; que les Habitans de ces deux Maifons qui font dans la Seigneurie de Savigny, font néanmoins Paroiffiens de Juvify, qu'ils y rendent le Pain-Beni, qu'ils y reçoivent les Sacremens, & qu'ils y font impofez à la Taille.

Ces faits font exacts & certains; inutile de dire que fur les plans on n'aperçoit point ces maifons; les Experts ont pû negliger de les peindre, mais elles n'en font pas moins extantes.

Il ne conviendroit point de meprifer ces preuves, parce que ces maifons ne font conftruites que depuis le nouveau chemin de Fontainebleau ; il étoit facile de prévoir que le Village de Juvify n'étant plus un paffage, que tous ceux qui gagnoient leur vie avec les voyageurs viendroient fe loger fur le nouveau chemin, felon toutes les aparences, il y aura à l'avenir plus d'Habitans de Juvify dans la Seigneurie de Savigny que dans le Village de Juvify, que le nouveau chemin pourra faire déferter ; des Curés font attentifs à ces évenemens ; la nouveauté redouble leur attention ; cependant le Curé de Savigny ne s'eft point avifé de contefter au Curé de Juvify les Habitans de ces nouvelles maifons.

Cette preuve feroit déja fuffifante, parce qu'elle n'eft combattue par aucune autre preuve contraire ; cependant il eft encore une autre preuve plus forte, plus trionphante & plus decifive, c'eft la perception de la dixme.

La maniere ordinaire de connoître l'étenduë du Territoire d'une Paroiffe, c'eft par le dixmage : or tout le canton fur lequel le Fermier de Froimenteau eft en poffeffion de conduire fon troupeau en execution de la Sentence de 1691. eft inconteftablement du dixmage de Juvify, & même les pieces fur lefquelles la Sentence de 1691. fait deffenfes au Fermier de Froimenteau de conduire fon troupeau, telle que la piece de 100 arpens dépedante de la Ferme de Champagne, & celle de 25 arpens qui fait partie de la Ferme de Froimenteau font encore du dixmage de Juvify.

Ce n'étoit donc pas fans raifon que le Fermier de Froimenteau exerçoit avant 1691. le droit de vaine pâture, non feulement fur le canton defigné par la Sentençe, mais encore fur la piece de 100 arpens, fur celle de 25 jufques aux pilliers de la Juftice de Morangis ; il fuivoit le dixmage de Juivify qui regloit fon pâturage ; le retranchement étoit donc injufte, les deffenfes portées par la Sentence également injuftes, heureufement que l'intervention de M. le Comte du Luc met les Relegieux Minimes qui n'étoient point parties dans la Sentence de 1691. non plus que ceux qu'ils reprefentent, en état de faire réparer cette injuftice. M. le Comte du Luc demande l'execution des reglemens, les Religieux Minimes demandent l'execution des même réglemens, fuivant les réglemens dont l'execution eft refpectivement demandée c'eft l'étenduc des Paroiffes qui regle le droit de vaine pâture & non l'étendue des Seigneuries.

Le territoire de la Paroiffe de Juvify eft clairement demontré par les deux maifons conftruites dans la Seigneurie de Savigny, donc les Habitans font de la Paroiffe de Juvify, pour la perception des Sacremens & l'impofition de la Taille, & par le dixmage des deux Paroiffes : preuves que la Seigneurie de Savigny excede les bornes & limites de la Paroiffe de Savigny.

L'on eft forcé de convenir que le dixmage eft tel qu'il eft articulé par les Religieux Minimes, tel eft & tel a été de tems immemorial l'état des deux Paroiffes de Juvify & de Savigny ; mais l'on s'efforce d'éluder cette preuve par des difcours & non par des preuves contraires.

Si c'étoit le Curé de Juvify qui perçût les dixmes , M. le Comte du Luc convient que la perception des Dixmes prouveroit l'étendue de la Paroifle , mais les dixmes de Juvify & de Savigny apartien-nent à des gros dicimateurs ; l'on pretent que fuivant l'hiftorien Meze-ray , les dixmes qui apartiennent à des Communautés font inféodées, que des Seigneurs du Royaume s'en étoient emparés dans des tems de trouble , & que pour l'acquit de leur confcience ils les ont reftitué à des Monafteres, que le Seminaire d'Orleans perçoit des Dixmes dans la Paroifle de Savigny , parce qu'il eft codecimateur avec le Prieur & les Religieux de Longpont ; il eft à préfumer qu'il y a entre eux quelque Acte qui regle ce partage, l'on ajoute que fi dans l'éten-due du Dixmage du Seminaire d'Orleans , il y avoit des novales, elles apartiendroient au Curé de Savigny.

Il eft certain que de droit commun , les Dixmes font reputées Ecclefiaftiques ; nous ne reconnoiffons de Dixmes inféodées que cel-les dont l'ancienne inféodation eft prouvée par d'anciens aveux & denombremens.

Nul doute à former fur la qualité de la Dixme que perçoit le Se-minaire d'Orleans dans la Paroifle de Juvify , & non dans celle de Savigny , cette Dixme eft tellement Ecclefiaftique que le Seminaire d'Orleans la perçoit comme Prieur en conféquence d'un Prieuré uni au Seminaire , & la perception fe régle par l'étendue de la Paroifle de Juvify.

Trois preuves de cette vérité.

La premiere refulte de la qualité de Patron collateur de la Cure de Juvify , qui apartient fans conteftation au Seminaire d'Orleans , ce fait eft juftifié par les provifions accordées au fieur Poujat aujourd'huy titulaire de la Cure de Juvify , fur la nomination de M. le Cardinal de Coâlin Prieur né du Seminaire en qualité d'Evêque d'Orleans.

Le même fait fe trouve encore prouvé par la prife de poffeffion de la Cure de Juvify.

La feconde preuve eft fondée fur une enquête faite en 1686. devant un Commiffaire du Châtelet, au fujet d'une conteftation qui s'étoit élevée entre les deux Fermiers des dixmes des Paroiffes de Juvify & de Savigny , le Fermier des dixmes de Savigny pretendoit que les dixmes fur les pieces de 100 arpens & de 25 devoient lui apartenir ; le Fermier de Juvify foutenoit au contraire que ces deux pieces de terres de tems immémorial faifoient partie du dixmage de Juvify.

Tous les temoins entendus dans cette Enquête atteftent la poffef-fion du Decimateur de Juvify.

Cette preuve détruit radicalement le fait témérairement avancé par Auboin fous le nom de M. le Comte du Luc, que le Seminaire d'Orleans eft Codécimateur dans la Paroifle de Savigny ; la contefta-tion qui s'eft élevée entre les deux Fermiers, l'un des dixmes de Sa-vigny, l'autre des dixmes Juvify , ne permet pas de douter que les dixmes font divifées comme ailleurs par Paroiffes, & que le droit & poffeffion du Seminaire d'Orleans des dixmes fur les pieces de 100 &

de

de 25 arpens, ne sont fondez que sur la situation de ces pieces de Terres qui sont sur le Territoire de la Paroisse de Juvisy.

La troisiéme preuve se tire d'un Compromis passé en 1708. entre Messire Frederic Constantin de la Tour d'Auvergne Prieur de Longpont, & en cette qualité Décimateur dans la Paroisse de Savigny, & les Directeurs du Seminaire d'Orleans Décimateurs de la Paroisse de Juvisy; telles sont les qualitez prises dans le Compromis, preuve certaine qu'ils n'étoient point Codécimateurs dans la même Paroisse, & que ce sont les Territoires des deux Paroisses qui fixent & limitent les droits de ces Décimateurs: il n'est donc pas vrai, comme on l'a suposé mal à propos qu'ils soient l'un & l'autre Codécimateurs dans la même Paroisse, ni que le Seminaire d'Orleans partage les dixmes de la Paroisse de Savigny, ni qu'il y ait un Acte pour regler le partage des dixmes de la même Paroisse: c'est la difference des deux Paroisses qui fait le partage naturel entre les Décimateurs de Juvisy & les Décimateurs de Savigny.

Ce Compromis concernoit encore la même contestation au sujet des dixmes des pieces de 100 & de 25 arpens que le Prieur de Longpont renouvelloit.

Ces contestations ont été jugées à l'avantage du Seminaire d'Orleans: il est vrai que les Religieux Minimes ne sont point en état de produire ces Jugemens, & de les joindre aux pieces dont l'on vient de rendre compte; s'ils peuvent parvenir à se les faire remettre avant le Jugement de la contestation, ils les produiront, mais ce qui doit quant à present les supléer, c'est la possession publique dans laquelle le Seminaire d'Orleans est actuellement de percevoir la dixme sur ces pieces de Terres qui ont fait l'objet des deux contestations.

Non seulement ces pieces produites justifient que les dixmes sont partagées par Paroisses, que la dixme de Juvisy n'est point celle de Savigny, mais les contestations qui se sont élevées au sujet de la dixme sur les pieces de 100 & 25 arpens, dont l'une dépend de la Ferme de Champagne, & l'autre de la Ferme de Froimenteau, prouvent clairement que le canton entier assigné par la Sentence de 1691. pour la pâture du Fermier de Froimenteau est certainement du dixmage de Juvisy, puisqu'il n'y a que ces pieces qui sont au-delà & qui ont été retranchées du pâturage de Froimenteau par la Sentence de 1691. qui ayent formé la difficulté, & dans laquelle le Prieur de Longpont n'a pû réussir, parce que ces pieces sont également sur le Territoire de la Paroisse de Juvisy; de même que celles sur lesquelles le Fermier de Froimenteau exerce le droit de vaine pâture.

Mal à propos l'on allegue que s'il y avoit des novales sur ce canton, qu'elles apartiendroient au Curé de Savigny; car depuis 3 ou 4 ans il a été défriché environ trois arpens proche la Ferme de Champagne du côté de l'Occident, les dixmes ont été perçûes sans contestation par le Fermier du Seminaire d'Orleans; qui dédommagé d'ailleurs le Curé de Juvisy des dixmes novales qu'il pouvoit prétendre.

Il y a une extrême difference entre les faits hazardez par Aubouin ſous le nom de M. le Cômte du Luc, & ceux avancez par les Religieux Minimes; ceux-ci prouvent les faits qu'ils articulent, ils juſtifient que les dixmes ſont diviſées par Paroiſſes, que le Seminaire d'Orleans eſt Décimateur dans la Paroiſſe de Juviſy, & non dans celle de Savigny; au lieu qu'Aubouin ſupoſe qu'ils ſont Codécimateurs dans la Paroiſſe de Savigny, qu'il y a aparence qu'il y a un partage entre les Codécimateurs; que s'il y avoit des novales, elles apartiendroient au Curé de Savigny : il y a eu tout récemment des novales, & c'eſt le Décimateur de Juviſy qui en a profité.

L'on ne peut deviner la raiſon qui a déterminé le Fermier de Champagne à rapeller la diſpoſition des Reglemens, qui concerne le nombre des Beſtiaux qu'un Fermier peut entretenir, & qui fixe le Troupeau à une Bête par arpent que le Laboureur fait valoir : cette diſpoſition ne concerne que les Laboureurs d'une même Paroiſſe qui joüiſſent en commun du droit de vaine pâture : il eſt juſte qu'ils ne s'incommodent point les uns les autres par le nombre de Beſtiaux, quand le Territoire n'eſt pas aſſez conſidérable pour les nourir; mais cet inconvénient ne peut ſe rencontrer entre des Laboureurs de différentes Paroiſſes entre leſquels le parcour n'eſt point admis. Le nombre des Beſtiaux de l'un ne peut pas nuire à l'autre, du moment qu'il ne peut pas les conduire au-delà des bornes & limites de ſa Paroiſſe : la fixation du nombre des Beſtiaux ne peut jamais intéreſſer que les Laboureurs de la même Paroiſſe.

Ce n'eſt pas que l'on puiſſe rien reprocher à cet égard à la Fermiere de Froimenteau, car ſon Troupeau n'a jamais excedé 250 Bêtes : ce n'eſt point là un Troupeau nombreux pour une Ferme de près de 400 arpens, au lieu que le Fermier de Champagne entretient dans des tems de l'année 700 Bêtes & plus : il prend des Moutons de differens Marchands, à la charge de les nourir pour une certaine redevance. Voilà la cauſe du Procès qu'il a intenté à la Fermiere de Froimenteau, à l'effet de s'emparer d'un Tertitoire très-ſpacieux.

Tant que le Fermier de Champagne a laiſſé joüir la Fermiere de Froimenteau du canton qui lui étoit aſſigné par la Sentence de 1691. elle s'eſt peu embarraſſée du nombre des Bêtes que le Fermier de Champagne entretenoit; mais ce qu'il y a de ſingulier, c'eſt que ce Fermier qui eſt en faute & qui a un Troupeau qui excede le nombre d'arpens qu'il fait valoir, s'aviſe de rapeller la diſpoſition des Reglemens à cet égard.

L'execution de la Sentence de 1691. deſintéreſſoit les Fermiers de Champagne & de Froimenteau ſur le nombre des Beſtiaux, parce que le canton n'augmentoit ni ne diminuoit à proportion des Beſtianx, il reſtoit toujours le même.

L'intervention de M. le Comte du Luc produira le même effet à cet égard, parce que l'execution des Reglemens renfermera le Fermier de Champagne dans le Territoire de la Paroiſſe de Savigny, & la Fermiere de Froimenteau dans celui de Juviſy; par conſéquent le nombre des Beſtiaux qu'ils auront ſera très-indifferent à l'un & à l'autre.

Il étoit donc inutile de parler de cette difpofition du Reglement qui ne peut avoir lieu qu'entre les Laboureurs d'une même Paroiffe: aucun Laboureur de Juvify ne fe plaint de la Fermiere de Froimenteau & n'a jamais eu fujet de s'en plaindre.

Il faut donc réduire l'affaire aux deux objets qu'elle prefente.

Avant l'intervention de M. le Comte du Luc le Fermier de Champagne faifoit un très-mauvais procès à la Fermiere de Froimenteau, il y avoit lieu de confirmer la Sentence dont eft apel avec amende & dépens: Cette Sentence eft fondée fur une autre Sentence contradictoire de 1716. executée depuis qu'elle eft rendue, & dont Aubouin a confenti & demandé l'execution.

La Sentence de 1716. étoit jufte & reguliere; c'eft ce que l'on a démontré par les difpofitions de la Sentence de 1691. & par fon execution.

L'intervention de M. le Comte du Luc change l'affaire; mais elle ne peut libérer fon Fermier de la condamnation des dépens qu'il a mal à propos occafionné & qui font très-confidérables.

Au moyen de cette intervention, l'injuftice faite au Fermier de Froimenteau par la Sentence de 1691. fera réparée, parce que c'eft l'étendue des Paroiffes & non des Seigneuries qui doit fixer le droit de vaine pâture, fans qu'il foit permis aux Fermiers de fortir des bornes de fa Paroiffe pour entrer dans une autre. Le Fermier de Champagne eft de la Paroiffe de Savigny, celui de Froimenteau eft de la Paroiffe de Juvify: l'on a raporté differentes preuves de l'étendue de la Paroiffe de Juvify, & notamment celle qui refulte de la perception des dixmes qui font reglées par les Territoires des Paroiffes de Juvify & de Savigny, ·

Monfieur l'Abé L A N G L O I S *, Raporteur.*

M^e D O U L C E T, Avocat

H E B E R T, Procureur.

De l'Imprimerie de la Veuve K N A P E N, rüe de la Huchette, à l'Ange. 1738.